W0325975

Monika Gertz

- Wiedergeboren -

Gedichte und Kurzgeschichten

IC XC NIKA

Impressum

© 2023 Monika Gertz
Erste Auflage
Alle Rechte vorbehalten
Autorin: Monika Schmidt
Gartenstraße 24
17094 Burg Stargard
monika.schmidt860@gmail.com

Geliebter Bruder Anderias,

auch wenn uns dein irdischer Leib verlassen hat, leben dein Geist, deine Wärme und die Erinnerungen an dich ewig weiter. Und während der Gedanke an dein Hinscheiden mich im Innern zerreißt, ist es der Gedanke an die Ewigkeit, in der wir wieder vereint werden, was mich nun weiter im Leben vorantreibt.

„Denn wir wissen: Wenn unser irdisches Haus, diese Hütte, abgebrochen wird, so haben wir einen Bau, von Gott erbaut, ein Haus, nicht mit Händen gemacht, das ewig ist im Himmel." (2. Korinther 5:1, LU)

\- 16.06.2023

Danksagung

Ich danke den lieben Menschen, vor allem meinem guten Freund und Bruder im Glauben, Helmut, für ihre Unterstützung. Besonders Dir liebe Vanessa für das Korrekturlesen und die professionelle Bearbeitung meines Manuskripts!

Inhalt

Vorwort

Danke mein lieber Herr Jesus Christus, dass deine Liebe mir immer nachgejagt ist! Danke an die vielen, stillen Beter innerhalb meiner Familie. Sie müssen viel für die ungläubigen Erwachsenen, die Zweifler und vor allem um Führung von uns Kindern zu dir gebetet haben. Danke somit an meine herzallerliebste Oma Gertz, die Tanten Ani, Biene, Else, Trude, Emi, Onkel Larry, Oma Thormeyer, Tummarer, Schwester Filicitace und an alle, von denen ich nicht weiß...

Zu ihnen hat es mich immer hingezogen. Ihre Liebe, Stille, Wärme, Zuversicht, Geradlinigkeit, Nächstenliebe und vor allem der Frieden welchen sie verbreiteten, gaben mir als Kind schon einen Fingerzeig dessen, was Seeligkeit bedeuten kann.

Leider sprachen sie deinen Namen Jesus Christus nicht laut aus. Niemand redete über dich! Durften es nicht... Konnten es nicht (?). In einem Land wo lautes

Beten unerwünscht war. In der ehemaligen DDR der 60er - 90er Jahre, in der ich aufwuchs. So auch in unserer Familie. In ihr vermischten sich sozialistisch–kommunistische und auch nationalsozialistische, zweifelhafte Werte. Danke Herr, für die gute beigemischte Biblisch-Christliche Saat, welche diesen ansonsten gottlosen Acker, wegweisend fruchtbar gemacht hat. In der Hoffnung viele Menschen erkannten und erkennen auch heute noch, aus dieser Perspektive, dein Wirken in den letzten Wochen und Tagen, der ehemaligen DDR. Viele Gebete wurden gesprochen und erhört. Die darauf folgende unblutige Revolution war einzigartig in der Weltgeschichte!

Als ich anfing deinen Leidensweg und deine Bestimmung für mich (uns!) auch nur im Ansatz zu begreifen, fing die Welt an, von mir zu weichen. All unsere Lüge, Boshaftigkeit und Schuld offenbarten sich mir. In dem Moment als ich spürbar Glauben von dir geschenkt bekam, erkannte ich in dir den Brückenbauer zum Vater aller Schöpfung! Nur wenn wir demütig genug sind anzuerkennen, dass wir niemals aus uns heraus gerecht werden können, wird uns diese unverdiente Gnade zuteil.

Nur dann, getauft in deinen Tod hinein werden wir von Grund auf neu, wiedergeboren, versiegelt auf ewig.

Du hast mir nie mehr auferlegt, als ich tragen konnte.

Du hast viele Wunder an mir getan.

Du heiltest mich vom Alkoholismus.

Du heiltest mich von allen Einflüssen Satans!

Du heiltest meine schwerste Urticaria! Mein Herz stand schon dreimal still. Du hast es wieder schlagen lassen! Du sorgtest immer dafür, dass die richtigen Ärzte und helfende Hände zur richtigen Zeit, am richtigen Ort waren. Du standest immer ganz real neben mir und meine Hand lag angstfrei in der deinen. Kein Mensch hätte mir in diesen Momenten diesen Frieden, der nicht von dieser Welt ist, vermitteln können.

Ich durfte erfahren, was es heißt:

„Durch dich habe ich den Tod überwunden!"

Da wusste ich, dass ich den breiten Weg verlassen hatte, um den in deiner Weisheit wahrhaftigen schmalen, mühsamen aber leichten, süßen Weg der Gerechten gehen zu dürfen!

Kinderstreiche oder Kindheitserinnerungen! In späteren, reiferen Jahren schmunzelnd gelesen, sagen viel mehr über uns aus, als wir wohl zu ergründen vermögen. Wegweisende Anlagen, Tendenzen des Charakters oder auch Talente, lassen vage Gottes Plan dahinter erahnen...

Darum fängt mein Buch genau mit diesen an.

Wünsche aus tiefster Sehnsucht heraus gewünscht und gelebt, wie es nur einem Kind möglich ist – werden – wenn auch von dir Herr, etwas gerade – gebogen – wahr!

Die kleine Auswahl der in meinem Buch veröffentlichten Gedichte, teilweise in Poesie und Lyrik verfasst, entstanden in den Jahren 1985 – 2023. Sie sollen Ausdruck meines Weges auf der Sinnsuche in meinem Leben sein. Ganz offensichtliche Irrwege, bis hin zur Anrufung Satans, haben mich aber letztendlich zu unser aller Schicksal, unsern Herrn Jesus Christus geführt! Das Senfkorn Glauben ging auf und du hast mich gerettet.

Erst als ich begriffen hatte, dass Gottes Herrlichkeit sich durch mich (uns!) offenbaren möchte, kehrten Liebe und Frieden in mir ein! Wir sind Gottes Kinder und behütet, nie allein – wie wunderbar! Gepriesen sei der Herr, halleluja!

Cirkus

Der Cirkus war für mich als Kind aller Inbegriff von Abenteuer. Verbunden mit seiner einzigartigen Glitzershow und -welt, stellte er alles andere in den Schatten! Ich besaß eine stattliche Sammlung von Cirkus-Büchern. Ich studierte die großen Kunstreiter, Dompteure und Clowns dieser schillernden Welt, schon von klein auf an. Die Welt des Cirkus setzte sich in meinem Kopf so fest, daß ich im Alter zwischen 10 und 12 Jahren regelrecht fanatisch war, wenn einer unserer Staatscirkusse, "AEROS", "BUSCH" oder "BAROLINA", bei uns auf dem Schützenplatz ihre Wagenstadt errichteten. Gleich nach der Schule entschwand ich aus der realen Welt und tauchte in die gigantische Cirkusstadt ein! Stundenlang konnte ich die Exoten, Pferde und Cirkusmenschen beobachten und bestaunen. Das Leben dieser Künstler ließ mich damals einen wichtigen Entschluss fassen. Ich wollte

Kunstreiterin, Cirkusdirektor oder wenigstens Löwendomteuse werden! Da dieser Entschluss wie loderndes Feuer in mir brannte, schrieb ich natürlich an die Cirkusdirektion nach Berlin. Die Adresse stand ja schließlich auf jedem Programmheftchen. Ich bewarb mich also mit stolzen 12 Jahren beim Cirkus. Natürlich hoffte ich auf eine Zusage, verbunden mit der sofortigen Zuweisung eines Wohnwagens in der Cirkusstadt! Meine Eltern und Großeltern würde ich dann zu gegebener Zeit sicher für meine Zukunftspläne begeistern können - meinte ich jedenfalls. Die Cirkusdirektion teilte mir relativ zügig mit (kinderfreundlich war man offensichtlich), dass meine Wünsche erfreulich seien. Aber leider erst nach Abschluss der POS und einer Berufsausbildung in mindestens einem tierpflegerischen Beruf, die Möglichkeit einer Bewerbung nochmals bestünde. Dann war da noch der Hinweis auf Talentprüfungen, Reitvorkenntnisse und einer dann noch zu absolvierenden Cirkus-Artistenschule, Gardemaß vorausgesetzt! Sollte ich tatsächlich 6 Jahre oder mehr warten, um dann endlich im glänzenden Licht des Manegenrunds, unter den zackigen Klängen der Cirkuskapelle, rassige Hengste vorzureiten oder Löwen durch alleiniges bewegen meiner Fingerspitzen zu einem Sprung durch brennende Reifen zu bewegen????

Dieser Zeitraum erschien mir einfach zu utopisch und ich entschied, JETZT mußte etwas passieren, und zwar ganz schnell. Ich gründete also eine eigene Cirkustruppe! Mit meiner Euphorie und meinem Elan steckte ich sogar den sehr gesetzten Direktor unserer Schule an. Schon nach ca. zwei Wochen stand meine Truppe. Wenn auch sehr bescheiden. Für Umrahmungszwecke von trockenen Elternversammlungen, Schulfeierlichkeiten, aber auch bei Pionierfesten und bei anderen Feierlichkeiten, wurden wir hinzugezogen. Die Attraktion des Programms waren natürlich mein Mischlingshund Alfi und ich. In einem bombastischen Kostüm und gigantischer Maske führte ich den Hund als "Alleskönner" vor. Hob ich einen Finger "sang er ein Lied" (jaulte!), er apportierte verschiedene Gegenstände genau nach Wunsch, machte "Sitz", "Platz" und "Steh", legte sich auf mein Kommando auf den Rücken und strampelte und zu guter Letzt balancierte er dann noch über eine Holzplatte. "Rechnen" konnte mein Alfi übrigens auch noch. Hob ich zum Beispiel einen Finger und fragte ihn ganz laut, wie viel ist 2 plus 2, bellte er so lange bis ich den Finger, natürlich unauffällig, wieder senkte – 4-mal. Die Illusion schien perfekt und alle Zuschauer spendeten tosenden Beifall. Dann kam Thomas, der Zauberer. Das Kostüm war auch super, seine Tricks waren leider zu durchsichtig, das Publikum zollte aber auch ihm seinen Tribut. Unsere Akrobatiktruppe war dagegen einfach super! Sogar einen Kopfstand auf dem Kopf eines Untermannes hatten wir in vielen Übungsstunden einstudiert. Alles in allem war die Gründung meiner "Cirkusgruppe" ein voller Erfolg an der Schule. Mir reichte dies aber nicht. Mir fehlten einfach die Löwen und Pferde, welche ja schließlich eine echte Cirkusvorstellung ausmachten. Irgendwann schliefen die Aktivitäten unserer Gruppe ein. Der Cirkus entfernte sich leider später aus meinem Leben. Ich wäre trotzdem sehr gerne eine Cirkusprinzessin geworden.

1996

Die Gänge im Kopf

Ich entdeckte meinen Körper. Am interessantesten schien mir mein Kopf mit seinen vielen Löchern darinnen. Mundloch, Nasenlöcher und Ohrenlöcher – einfach unheimlich. Das Mundloch führte in den Bauch, das wußte ich bereits! Meine Oma hatte mir oft genug prophezeit, daß mir ein Kirschbaum vom Bauch aus dem Mund wachsen würde, sollte ich die süßen Kirschen samt Stein verschlucken! Also Mundloch – Bauch, war ganz klar für mich. Aber die anderen Löcher, ob es da vielleicht eine innerliche Verbindung zwischen ihnen gab? Irgendwie stellte ich mir eine Art innerliches Kanalsystem in meinem Kopf vor. Wenn mir z.B. beim baden Wasser in das rechte Ohr lief, meinte ich meinen Kopf zur linken Seite neigen zu müssen, damit das eingedrungene Wasser durch den Kopf, auf der anderen Seite wieder ablaufen konnte... Eines Tages wollte ich das alles genauestens wissen. Ich besaß eine prächtige Sammlung bunter Glas- und Tonmurmeln, in allen Größen und Ausfürungen. Ich suchte mir ein paar kleinere Exemplare heraus. Nun konnte mein Experiment beginnen. Zuerst steckte ich mir eine Murmel in das rechte Ohr, logischerweise mußte sie nun aus dem linken Ohrloch wieder herausrollen. Sie blieb aber stecken und ich drückte mit dem Zeigefinger noch etwas nach. Ich war dann mehr als enttäuscht, daß ich zwar etwas weniger hören konnte, aber die Murmel nun doch nicht durch meinen Kopf gerollt war. Das Herausholen der festsitzenden Murmel verlegte ich auf einen späteren Zeitpunkt. Nun setzte ich erst einmal mein Experiment fort. Je eine Murmel steckte ich mir nun in das linke und rechte Nasenloch, um herauszufinden, ob sich meine Theorie, die Kugeln müssen in der Gaumenöffnung wieder zu Tage treten, bestätigte. Ich mußte sehr kräftig Luft durch die Nase saugen, um die Murmeln in den oberen Nasengang zu befördern. Wo aber auch diese wieder steckenblieben. Verzweifelt versuchte ich auch diese Murmeln wieder auszuschniefen, aber sie saßen fest!

Nun schrie ich nach Mutti – mein Experiment war gescheitert! Mutti rannte nun mit mir zur Kinderärztin, welche schon alle möglichen Kinkerlitzchen mit mir durch hatte. Sie befreite mich von meinen, im Kopf sitzenden Murmeln.

Ich war sicher, daß die Murmeln einfach zu groß waren. Die Gänge in meinem Kopf ließ ich mir so schnell nicht ausreden.

1995

Zuckerwatte

Was gibt es schöneres für ein Kind, als auf einem Rummelplatz glasierte Äpfel oder auch Zuckerwatte zu schlecken. Für mich war die Zuckerwattenbude der Inbegriff von Seligkeit. Wie herrlich zauberte der nette Mann oder die fröhlich dreinschauende, beschürzte Frau, an einen einfachen Holzstab gekonnt, mit drehenden Bewegungen ihrer Zauberhände – zarte, spinngewebartige, weiße Zuckerfäden, zu einer großen, watteartigen Wolke leckerer Zuckerwatte! Wie herrlich war es doch mit diesem riesigen Schneeball von dannen zu ziehen, um ihn dann nach intensivster Begutachtung, genüßlich, Stück für Stück zu verspeisen!

Zuhause überlegte ich mir eines schönen Tages, ob und wie ich mir eventuell selber diese Köstlichkeit herstellen konnte. ZUCKER-WATTE...Also ganz einfach. Ich bräuchte drei Zutaten. Erstens Watte, zweitens Zucker und drittens einen Holzstab. Zucker war da und Holzstäbe in Form von Schaschlykspießen befanden sich zur Genüge im Küchenbüfet, Watte fand ich auch. Nichts sprach mehr dagegen, mir nun meine geliebte Zuckerwatte selber zu machen. Ich nahm einen Schaschlykspieß und ruderte in der von mir pedantisch auseinandergepflückten Watte herum, streute dann auf das klumpige Endresultat am Holzstiel etwas Zucker darauf. Ich mußte feststellen, daß die Zuckerwatte garnicht gut aussah. Auch wollte der Zucker nicht so richtig haften bleiben. Ich probierte die Produktion von Zuckerwatte ein zweites Mal. Mit etwas Wasser befeuchtete ich die Watte, streute dann nochmals Zucker darauf und bauschte das Endresultat wiederum auf meinen Holzspieß. Dann kostete ich. Lecker wie auf dem Rummelplatz war es natürlich nicht, aber selber hergestellt schmeckt doppelt gut. Also aß ich auch demonstrativ alles auf.

Nach einer Stunde hatte ich Magenkrämpfe und Fieber. Meiner sprachlosen und ratlosen Mutter verriet ich dann mein Rezept für selbstgemachte Zuckerwatte. Nun ging ihr ein Licht auf, woher mein akutes Unwohlsein herrührte.

Sie wußte somit was zu tun war - mal wieder den Notarzt rufen...

1995

Der Whisky

Was für eine Welt offenbarte sich einem Kind voller Phantasie, wie mir, durch das Medium Fernsehen. Wohldosiert soll das bei Kindern ja recht gute erzieherische und auch weiterbildende Resultate erzielen. Man sollte eben bloß konsequent darauf achten, daß Kinder in einem gewissen, zarten Alter die für sie geeigneten Programme anschauen. Eigentlich gab es für mich, was Fernsehen anbelangte nur ausgewählte Kindersendungen wie „Arthur der Engel", „Pittiplatsch" und das „Sandmännchen". Die Sportschauen meines Vaters und auch Opas interessierten mich natürlich herzlich wenig.

Nun kam es aber oft vor, daß ich alleine zu Hause war und unsere damals hochmoderne Fernsehtruhe unbewacht zu meiner, von kindlicher Neugierde geplanten Natur, frei zur Verfügung stand. Obwohl mir meine Eltern immer wieder versichert hatten, ein für mich unsichtbares Zeichen an der Fernsehtruhe angebracht zu haben, konnte ich der Versuchung einfach selten widerstehen und schaltete den Apparat einfach ein. So kam ich ab und zu in den Genuss Filme ganz „besonderer Güte“ anzuschauen. Western waren für mich das Gigantischste! Die herrlichen Pferde der Cowboys, die Weite der Prärie, die überaus beeindruckenden Männer mit ihren allgegenwärtigen, glitzernden Colts, die nichts und niemand fürchteten. Sie waren die unumstrittenen Helden meines Herzens.

Jede Szene wurde von mir regelrecht aufgesogen. Bei Schießszenen viel ich teilweise fast in Ohnmacht, da ich dachte, die inszenierten Massenmordszenen seien echter Natur und die vielen stürzenden und zu Tode getroffenen Menschen gaben ihr Leben hin, um ihre Familien zu Hause mit Geld versorgen zu können. Mein Herz verkrampfte sich regelrecht bei der Vorstellung solchen Edelmutes, vieler armer

Schauspieler. Dann die Szenen im Saloon! Mein Gott, wie diese Cowboys tranken. Was mußte das für ein edles Getränk sein, welches diese Männer massenweise wie Wasser in sich hineinschütten! Auch ihr Wagemut schien durch dieses tolle Getränk noch gestärkt zu werden. Wahrscheinlich handelte es sich meiner Meinung nach um eine Art Geheimmedizin...

Scheinheilig fragte ich eines Abends meinen Vater, ob er Whiskey kennen würde. Stolz bejate er meine Frage, mit dem Zusatz, welchen er allerdings später bereuen sollte, daß er auf jeden Fall etwas ähnliches im Kühlschrank stehen hätte. Er zeigte mir eine Kornflasche, die im Kühlschrank gleich neben der Milch stand. Ganz nebenbei bemerkt er aber recht ernst, daß dieses Getränk allerdings nichts für kleine Mädchen und Jungen sei. Diese Bemerkung wurde auch registriert! Die nächste Gelegenheit des

Alleineseins nutzte ich aus, um den vermeintlichen „fast Whiskey“ auszutesten. Ich war damals 6 Jahre alt und schon so voller Neugier auf alles, was da kommen sollte, daß es schon eine Plage war. Andächtig entnahm ich nun dem Kühlschrank die geheimnisvolle Flasche und stellte sie vorsichtig auf den Küchentisch. Ich suchte mir nun ein besonders großes Wasserglas, schließlich tranken die Cowboys ja auch nicht aus Winziggläsern! Dann goß ich mir das Glas randvoll mit“ Whiskey“ und probierte vorsichtig das Getränk aus dem echte Cowboys gemacht zu sein schienen. Was für eine fürchterliche Überraschung! Ekel und Übelkeit schüttelten meinen kleinen, kindlichen Körper und ich war über die Maßen enttäuscht von meiner neuen Erfahrung... So schnell gab ich mich aber nicht ganz geschlagen. Vielleicht würde ja etwas Zucker die ganze Angelegenheit etwas versüßen. Also scheffelte ich eßlöffelweise Zucker in den Schnaps und rührte bedächtig um. Das

Endresultat dieser Mixtur schmeckte jetzt beiweitem besser und nun konnte ich, genau nach Art der Cowboys im Saloon, das Getränk auch einen Zug hinunterschütten. Mit dem letzten Schluck verließen mich meine Sinne und ich schlug hin wie ein Brett... Meine Mutter, die wohl Gott sei Dank eine viertel Stunde später nach Hause kam, konnte mich durch schnelles Handeln retten, ansonsten wäre ich schon mit 6 Jahren an einer Alkoholvergiftung gestorben. Vom Whisky war ich zumindest zu Kindertagen geheilt, von den Cowboyfilmen aber nicht.

1995

Das Müllmarkengeld

Meine Freundin Manuela und meine Wenigkeit bummelten durch die Straßen unseres Wohnviertels. Es war heiß und wir setzten uns in den Schatten, einer zum Ausruhen einladenden Kastanie und beobachteten die Vorgänge um uns herum. Dieser Nachmittag hatte trostlos angefangen. Lust zum Spielen hatten wir nicht, denn unsere Spielkameraden aus der Nachbarschaft waren noch im Kindergarten. Wir stülpten unsere Taschen nach Geld für Süßigkeiten um. Leider fand ich nur 10 Pfennig und Manuela 15 Pfennig in unseren Shorts. Die liebe Geldnot von uns Kindergartenkindern war schon belastend... Wenigstens ein paar Zuckerstangen konnten wir uns aber leisten. Wir machten uns also auf den Weg, zu dem kleinen Eckladen, ein paar Straßen weiter. Auf der Strecke dorthin vielen mir silbrig glänzende Geldstücke, wie ich total überzeugt meinte, an allen Mülltonnen, welche auf der Straße standen, auf. Zwar hatten diese vermeintlichen Geldstücke allgesamt ein Loch um mit Hilfe eines Bandes an den Mülltonnen befestigt werden zu können, aber dieser Umstand störte mich weniger. Ich war urplötzlich davon überzeugt, daß dieses "Geld" für die Müllmänner sei, welche die Tonnen im Laufe des Tages leeren würden. Das Geld war ziemlich klein und ich hatte dieserart Zahlungsmittel noch niemals gesehen. Alles konnte ich ja schließlich auch nicht wissen, oder? Meine Phantasie blühte und schäumte voller Ideen. Ich überredete meine Freundin mir nun zu helfen, die gesamten Geldstücke von den Mülltonnen des gesamten Viertels abzureißen und zu sammeln. Der Nachmittag war plötzlich nicht mehr langweilig! Wir schlichen uns von Mülltonne zu Mülltonne, um das Geld ganz unauffällig von ihnen zu entfernen, welches uns in den Genuß unendlicher Leckereien versetzen würde. Manuela betrachtete die Geldstücke und meldete arge Zweifel an, ob wir für dieses kleine, winzige Geld überhaupt etwas im Laden bekommen würden. In der Ferne hörte ich in diesem Moment die unüberhörbaren Signale einer der vielen Dampflokomotiven, welche Stunde um Stunde in der Nähe unseres Wohnviertels vorüberschnauften. Da kam mir die genialste Idee seit langem! Ich rief Manuela zu mir zu folgen und ich rannte in Richtung der Gleise, keine 300 Meter von uns entfernt. Manuela schaute mich fassungslos an, als ich nun meine vermeintlichen Geldstücke, Stück um Stück hintereinander auf die Schienen legte und sie aufforderte, es mir gleich zu tun. Ich erklärte ihr nun mein Vorhaben. Wir würden warten, bis der nächste Zug kommen würde und dann würde das schwere Stahlungetüm mit absoluter Sicherheit unser kleines Geld in große Geldstücke umwalzen! Manuela war begeistert von meiner super Idee und wir legten uns in die nahen Büsche auf der Lauer nach dem nächsten

Zug, der da kommen würde. Es dauerte nicht lange und der beschrankte Bahnübergang ganz in der unmittelbaren Nähe, senkte seine Schranken. Nun mußte gleich ein Zug stampfend und schnaufend auftauchen, um dann über unser sauber aufgereites Müllgeld zu walzen. Der Zug kam und erwartungsvoll sprangen wir aus unserem Versteck, um das veränderte Geld nur so zu bestaunen! Tatsächlich lagen riesige, glänzende Gebilde vor uns auf den Schienen. Wir jubelten und sammelten das noch warme, umgeprägte Müllgeld in unsere Taschen. Dann rannten wir, so schnell uns unsere Füße trugen, zu dem gewissen Laden in unserem Wohnviertel. Schon beim Betreten desselben beäugten uns die Verkäuferinnen argwönig. Schließlich kannte man, zumindest meine Wenigkeit bestens! Schon zu oft hatte ich die Damen mit meinen kindlichen Ideen geschockt und in Erstaunen versetzt. Wir packten also Schockolade, Pralinen, Kekse, Eis und Bonbons in unseren Einkaufskorb und bauten dann stolz händeweise unser Geld vor der verdutzten Kassiererin auf. Sie lachte ersteinmal und sah uns strahlende Kinder dann doch eher mitleidig an. Sie fragte uns, wo nun unser richtiges Geld sei. Ja, aber, da lag es doch!! Genau vor ihren Augen, bergeweise!! Wir dachten die Frau sei nicht ganz richtig im Kopf. Da nahm sie uns einfach unseren prall gefüllten Einkaufskorb fort und jagte uns schimpfend aus dem Laden. Natürlich strich ich noch unser Geld ein und war zutiefst beleidigt.

Als wir dann auch noch beim Bäcker Ärger mit unserem Geld bekamen, setzten wir uns resigniert lieber wieder unter unsere schattige Kastanie und schmollend verstanden wir die Welt nicht mehr.

Dann Abends Zuhause, wunderte sich meine Mutter über meine, mit Metallplätchen gefüllten Shorttaschen und stellte mich natürlich zur Rede. Sie war verzweifelt, schließlich mußte sie und mein Vater mal wieder für eine meiner fixen Ideen gerade stehen. Es dauerte keine halbe Stunde, als die ersten Nachbarn bei uns klingelten und sich bei ihr über meine Untat beschwerten. Natürlich hatte man uns beobachtet und es war nur eine Frage der Zeit, bis das gesamte Viertel bei meinen und Manuelas Eltern protestierten. Der Müll des gesamten Viertels war nicht entsorgt worden und die geklauten und mißbrauchten Müllmarken mußten von unseren Eltern selbstredend ersetzt werden.

Der Kreis der Menschen, welche meine Eltern, auf Grund meiner immer wiederkehrenden, herrlichen Ideen, schief ansahen, erweiterte sich auch in diesem Falle um einige...

1996

Das Jugendweihegeschenk

Die Familie jedes Jugendlichen in der DDR, welcher ja mit der Jugendweihe symbolisch in die Reihen der Erwachsenen aufgenommen wurde, richtete ein großes Fest aus und natürlich gab es Geschenke über Geschenke. Es war in unserem Heimatstädtchen Sitte, daß familienfremden Kindern, welche dem Jugendweihling kleinere Geschenke oder auch Glückwunschkarten ihrer Eltern überbrachten, mit einem riesen Stück Kuchen gedankt wurde.

In unserer Straße gab es damals im Jahre 1968, ich war 8 Jahre alt, auch eine Jugendweihe. Natürlich wollte ich und auch meine Freundin Manuela ein leckeres Stück Kuchen ergattern. Da unsere Eltern mit der feiernden Familie absolut nichts am Hut hatten, wie man so schön sagt, wurden wir eben nicht zu dieser Familie geschickt, um wenigstens ein klitzekleines Geschenk abzuliefern, und dann als

Gegenleistung Kuchen zu bekommen. Mein Gehirn arbeitete auf Hochtouren, was da wohl zu machen sei. Geld hatten wir beide nicht, um von uns aus ein Geschenk kaufen zu können. Eine Karte würde nichts nützen, da unsere Eltern nichts darauf schreiben würden. Aber irgendwie mußte doch ein Geschenk zu organisieren sein, ohne Geld ausgeben zu müssen. Manuela wollte sich von ihren geliebten Plastikohrringen trennen. Aber wir entschieden, daß dies wohl nicht so das rechte Geschenk sei - Plastik zur Jugendweihe - das ginge dann doch zu weit! Nein, da würde bestimmt kein Kuchen herausspringen.

Ich organisierte den Schlüssel von unserer Abstellkammer im Keller und ging mit meiner Freundin auf Geschenksuche. Alle Kisten und Schachteln wurden durchgewühlt. Aber außer Altpapier, Lumpen, zerlesene Bücher und alten Schuhen fanden wir nichts, was wir hätten verschenken können. Als wir schon fast aufgegeben hatten, entdeckte ich einen kleinen Karton gefüllt mit alten Knöpfen, Nadeln, rostigen Nägeln und einer Uhr!! Juhu, dies würde ein tolles Jugendweihegeschenk abgeben. Es handelte sich zwar um eine alte, riesige Herrenuhr mit gesprungenem Deckglas, aber der Sprung war so klein, wir sahen ihn gar nicht. Das braune Lederband wurde mit Schuhcreme gewienert und die ganze Uhr poliert und auch Vordermann gebracht. Manuela holte noch die Schmuckschachtel ihrer Plastikohrringe und wir polsterten sie kunstgerecht mit Watte aus. Die Uhr machte sich prächtig in dieser tollen Verpackung. Wir legten sie so, daß man die schadhafte Stelle im Glas nicht sofort erkennen konnte und freudestrahlend klingelten wir bei der feiernden Familie Reimann. Die Tür wurde geöffnet und als Frau Reimann in uns die beiden Töchter der Nachbarn erkannte, welche sie und auch ihr Mann überhaupt nicht mochte, fragte sie spitz, was wir denn bei ihr wollten. Ich überreichte der perplexen Frau die Schachtel mit dem Geschenk für ihre Tochter, verbunden mit den herzlichsten Grüßen unserer Eltern. Gleich anschließend fragte ich sie, ob wir nun auch Kuchen bekommen würden. Frau Reimann besah die unverpackte, mit etwas Schuhcreme verschmierte Schachtel und öffnete sie süßsauer lächelnd. Ihre Augen weiteten sich, als sie den Inhalt ausmachte. Ich deutete diesen Gesichtsausdruck als übermäßige Bewunderung für unser tolles Geschenk. Sicher war unsere Uhr das wertvollste Geschenk, das ihre Tochter an diesem Festtag erhalten hatte.

Meine strahlende Miene verging mir aber gleich wieder, als die Frau uns die Uhr barsch zurückgab und betonte, daß ihre Tochter schon zwei Uhren bekommen hätte. Wir sollten aber trotzdem warten, wir bekämen zwei Stück Kuchen für den guten Scherz und schließlich wollte sie sich nichts nachsagen lassen. Wir erhielten zwei riesige Stücke Pflaumenkuchen und hatten auch noch unsere Uhr, meines Erachtens war das eine tolle Sache. Mein Vater traf uns schmatzend, Kuchen essend auf der Straße und fragte mich, wo wir denn den schönen Kuchen her hätten. Als ich ihm die ganze Geschichte freiheraus erzählt hatte, war er ganz weiß im Gesicht. Ich glaube er ist am nächsten Tag zur Familie Reimann gegangen, um sich für mich und meine Freundin zu entschuldigen. Damals verstand ich das überhaupt nicht – heute schon...

1995

Das Mietgeld

Für meine Eltern war auch das Jahr 1965 nicht gerade das einfachste. Mein Vater verdiente als Junglehrer in der DDR nicht gerade das große Geld, genauso wenig meine Mutter als Kindergärtnerin. Das "große Geld" verdiente der Arbeiter in den Fabriken und der Bauer auf dem Land. Die „Klasse der Intelligenz" zahlte zu dieser Zeit mit äußerst geringen Löhnen den sauren Preis, in einem Arbeiter- und Bauernstaat leben zu müssen, oder auch zu wollen.

Ich, das Kind einer an Intelligenz reichen, aber an Geld äußerst bescheiden ausstaffierten Familie, wünschte mir natürlich ständig dieses und jenes, was mir aber dann letztendlich immer meine Großeltern kauften und zusteckten. Zum Leidwesen meiner Eltern. Der Wert des Geldes war demzufolge für mich schon im zarten Alter von 5 Jahren nicht der, welchen es eigentlich darstellte.

Wie gesagt, Oma und Opa machten alles für klein Monele möglich. Es war Sommer und so heiß, daß mir der Sinn nur noch nach einem leckeren, kalten Eis stand. Meine Sparbüchse befand sich bei meinen Großeltern, (wohlwissentlich auf Grund der Tatsache, daß dieselbe sich an diesem Ort schneller füllen ließ als zu Hause). Immer intensiver setzte sich in mir der Wunsch nach einem Eis fest!

Oma und Opa waren nicht zu Hause und ich stellte die gesamte 3-Zimmer Wohnung auf den Kopf. Nirgends konnte ich eine vergessene Mark oder wenigstens 50 Pfennig entdecken. Dann endlich wurde ich doch fündig. Im Mietbuch meiner Eltern prangte doch tatsächlich ein 100 Markschein. Genial! Ich konnte mir nun wenigstens ein klitzekleines Eis im Konsum an der Ecke kaufen. Den Rest des Geldes wollte ich natürlich unbemerkt wieder an seinen Platz im Mietbuch zurücklegen. So schnell ich konnte, lief ich also in den Konsum, an die heißbegehrte Eistruhe und wählte mir bescheiden eine Eisstange für 30 Pfennig das Stück aus und reite mich in die Schlange, der an der Kasse wartenden Menschen ein. Die Kassiererin, eine Bekannte meiner Mutter, fragte mich ziemlich überrascht dreinschauend, ob meine Eltern mir das viele Geld zum Bezahlen gegeben hätten, was ich natürlich mit der schauspielerischsten Unschuldsmiene, deren ich mit 5 Jahren fähig war, bejahte. Die Kassiererin gab mir das Restgeld, in Form von einigen Scheinen und diversem Kleingeld zurück. Netterweise steckte sie mir das Geld in einen Papierumschlag, da sie sah, wie ich krampfhaft versuchte, das viele Geld in meiner kleinen Hand zu verstauen.

Zurück auf der Straße, genoß ich mein herrlich kühles Vanilleeis und dann erst (natürlich!), wurde mir klar, daß meine Untat entdeckt werden muss. Schließlich würde es den Eltern auffallen, statt eines glatten 100 Markscheines, plötzlich einen Haufen anderen Geldes, in ihrem Mietbuch vorzufinden! Also überlegte ich mir, das Geld in diesem Falle lieber im unweiten "Knochenpark" als meinen persönlichen Schatz zu vergraben und mich unwissend zu stellen, wenn man mich zu Hause nach dem Geld fragen würde. Alleine in den "Knochenpark" zu gehen, war schon eine gruselige Angelegenheit. Erzählten sich doch die Kinder aus meiner Straße die unglaublichsten Geschichten von dort vergrabenen Leichen und Gespenstern, die dort überall ihr Unwesen treiben sollten! Mir schien aber nur dieser Ort des Grauens, der einzig Richtige zu sein, um das viele Geld für Andere unauffindbar zu vergraben. Zitternd ging ich nun in den Park und meinte überall in den riesigen Holunderbüschen Gespenster rascheln zu hören. Mit flatternden Händchen grub ich in einem größeren Dickicht ein flaches Loch mit Hilfe eines spitzen

Holzstückes, warf das Geld mit Umschlag hinein. Erde drauf, zu guter Letzt noch Laub und Reisig zum Abdecken drüber und lief dann, als wäre der Teufel hinter mir her, fort von diesem unheimlichen Ort!

Als am Nachmittag meine Mutter von der Arbeit nach Hause kam, schloß ich schon aus ihrem eigenartigen Gesichtsausdruck, daß etwas nicht stimmen konnte. Sie bat mich mit in die Wohnstube zu kommen, was ich auch kleinlaut tat. Zielstrebig ging sie nun an den Stubenschrank, holte das Mietbuch heraus und blätterte langsam und bedächtig in ihm herum. Natürlich wußte ich was sie suchte. Bloß nichts zugeben, dachte ich immer wieder bei mir, schließlich konnte Mutti ja nichts wissen, oder gar gesehen haben, da sie ja auf der Arbeit war. Meine Mutti fragte nun die furchtbare Frage, welche unweigerlich kommen mußte, nämlich, wo das Mietgeld sei. Mietgeld?! Ich wußte es ehrlich nicht, ganz gewiß nicht. Hätte ich schwören müssen, ich hätte es getan! Meine Mutter fragte mich, ob ich im Konsum gewesen wäre, um mir ein Eis zu kaufen. Ich?! Nein, ich doch nicht, ganz und gar nicht, ohne Geld? Meine Mutter sagte mir, daß dann wohl ihre Bekannte an der Kasse die Lügnerin sei und wir beide nun zu ihr gehen würden, um die Sache zu klären. Natürlich wollte ich mit ihr gehen. Ich bildete mir ein, daß meine Mutter kurz vor dem Konsum, sollte ich hartnäckig bei meiner Behauptung bleiben, mit mir umdrehen würde. Leider war dem nicht so...

Meine Mutter hatte nach Arbeitsschluß noch ein paar Kleinigkeiten zum Abendbrot, genau in diesem Konsum gekauft und natürlich von ihrer Bekannten an der Kasse erfahren, daß ich ein 30-Pfennig Eis mit einem 100 Markschein eingekauft hatte. Aber wie sollte ich mit meinen 5 Jahren, alle möglichen, in Frage kommenden Eventualitäten einkalkulieren?

Es blieb mir also im Endeffekt nichts anderes übrig, als kurz vor der Ladeneingengstür loszuweinen und zuzugeben, das Geld genommen zu haben.

Wir machten also kehrt und meine Mutter fragte nach dem Restgeld. Ich sagte ihr diesesmal gleich die Wahrheit, komischerweise er freute sie diese auch nicht sonderlich. Sie war einfach entsetzt, daß ich das Geld im "Knochenpark" vergraben hatte. Mittlerweile war auch mein Vater zu Hause und fassungslos über meine abnormalen Ideen, wie er es wohl nannte. Auch mein Onkel, der im Haus neben uns wohnte, war zufällig anwesend und ich kam mir vor wie eine Schwerstverbrecherin!

Mein Vater, meine Mutter, mein Onkel und ich vorne weg, strebten nun dem "Knochenpark" entgegen, um gemeinsam meinen vermeintlichen Schatz zu heben. Das Schlimme war nur, daß ich nicht mehr genau wußte, wo ich ihn verbuddelt hatte. Vor lauter Panik beim Vergraben und jetzt vom Schamgefühl verwirrt, konnte ich mich einfach nicht mehr besinnen, wo genau die Stelle des vergrabenen Mietgeldes war. Also zeigte ich den Erwachsenen "ungefähr" die bewußte Stelle...So machten sich meine Eltern und mein Onkel daran mit ihren mitgebrachten, kleinen Harken, daß von mir bezeichnete Parkstück, mindestens 2 Stunden systematisch durchzuharken. Ich schämte mich unendlich und beobachtete die ganze Szene heulend und ziemlich kleinlaut. Dann endlich der erlösende Aufschrei meines Onkels, er war fündig geworden!

Nie wieder ging ich an das Mietbuch und außerdem bekam ich seit jener Episode im Sommer täglich 30 Pfennig für ein Eis.

1995

Nächstenliebe

Ich war neun Jahre alt und ging in die 3. Klasse. Einer meiner Klassenkameraden, Edmund Prill, erregte immer wieder hellstes Aufsehen bei der Lehrerschaft der Schule. Eddi erschien des Öfteren grün und blau geschlagen zum Unterricht! Ganz offensichtlich wurde er von seiner alleinerziehenden Mutter nicht sonderlich geliebt. Seine Zensuren waren nicht die besten und Eddi hatte nach jeder verhauenen Klassenarbeit, die er zuhause zur Unterschrift vorlegen musste, wahre Magenschmerzen und abnormale Angstzustände. Das Schuljahr ging seinem Ende entgegen und es gab Zeugnisse. Eddi hatte zwei Fünfen und er sollte die Klasse noch einmal wiederholen. Ich hatte unendliches Mitleid mit meinem Schulkameraden, als ich ihn nach dem Schulschluss weinend im Schulpark vorfand. Er saß zusammengekauert auf einer Bank, schaukelte seinen mageren Körper verzweifelt hin und her und seine verrotzte Nase sah schon beeindruckend aus. Ich setze mich zu ihm und gab ihm mein Taschentuch. Durch die freundliche Geste wohl inspiriert, klagte Eddi mir nun sein ganzes Leid. Seine Mutter würde ihn totschlagen, wenn er ihr sein „Giftblatt mit Teufelschrift“ (so nannte man ein Zeugnis damals zu DDR-Zeiten), vorlegen würde. Sitzengeblieben sei er ja schließlich auch noch! Ich hatte ein großes Herz für alle gequälten Kreaturen. Sei es Menschlein oder aber Tierlein und somit schlug ich Eddi vor, doch einfach mit zu mir nachhause zu kommen. Ich hatte hinter meinem Elternhaus einen kleinen Stall. Dort lebten ein paar Kaninchen und mein kleiner Hund Alfi. Also dort, im sicheren Heuverschlag, wollte ich Eddi vor seiner bösen Mutter verstecken! Eddis Augen glänzten vor Freude und natürlich ging er mit mir. Vergessen waren die zwei Fünfen, vergessen die Angst vor der sadistischen Mutter. Es galt nur noch eines. Unsere gemeinsame Barschaft von fünf Mark in diverse Süßigkeiten, sprich Proviant umzusetzen, um dann Eddis neues Zuhause zu inspizieren und auszustaffieren. Wir gingen euphorisch ans Werk. Galt es doch, einer bodenlosen Ungerechtigkeit zu trotzen! Meine Eltern arbeiteten wie meistens und somit konnte ich ungehindert und unbeobachtet Decken, ein Kissen, Brot, Wurst und Milch in den kleinen Stall bringen. Was für ein Fest! Wir spielten mit den Kaninchen und Alfi. Eddi aß und trank nach Herzenslust und blühte auf wie eine lange nicht gegossene Blume. Ich war stolz, fühlte mich wie Robin Hood, welchen ich so sehr liebte und der mein Vorbild war. Da hatte ich doch offensichtlich einem Schulkameraden das Leben gerettet und schützte ihn nun vor allem, wer oder was ihm böses antun könnte. Der Abend kam und ich schloss Eddi in den Stall ein, mit dem Versprechen am nächsten Morgen, gleich wenn meine Eltern die Wohnung verlassen hätten, mit dem Frühstück zur Stelle zu sein. Schließlich musste man auf neugierige Nachbarschaft achten und Eddi mit in die Wohnung zu nehmen, wäre ein zu großes Risiko gewesen. Gesagt, getan! Am nächsten Morgen bekam Eddi sein Frühstück und unter Beachtung aller Regeln der Tarnung, verließen wir den Stall, um im nahegelegenen Park zusammen zuspielen. Ach, das Leben war doch eine Pracht und wunderschön. Wir vergaßen alles! Eddi fühlte sich prima, glücklich, frei und geliebt. So ging das Abenteuer fast eine Woche weiter. Da ich meine Tiere völlig selbstständig versorgte, kümmerte sich niemand in der Familie um den Stall. Zwar standen mir meine Eltern mit Rat und Tat zur Seite, wenn es ernsthafte Probleme mit irgendeinem der Tiere gab, aber das war äußerst selten. Somit konnten wir einfach leben! Der bis dahin geknechtete Eddi und ich! Es war Samstag und ich war unterwegs, um in der nahegelegenen Bäckerei die Wochenendbrötchen zu kaufen, als mir ein Polizeiauto mit Sprechtüte entgegenkam. Die Bevölkerung des Städtchens wurde von der Polizei aufgefordert, an der Suche nach einem gewissen Edmund Prill, aktiv mitzuhelfen. Ich erstarrte! Das war doch „mein Eddi". Das erste Mal nach einer Woche hatte ich ein etwas schlechtes Gewissen. Was sollte ich nun tun? Vielleicht mit Eddi ins Ausland verschwinden? Oder aber mich meinen Eltern und Großeltern anvertrauen? Die unmöglichsten Fantasien wogten in mir auf und ab. Diese Nacht konnte ich kein Auge schließen. Eddi hatte ich nichts von der Suchaktion der Polizei erzählt. Er schlief nach wie vor glücklich, zufrieden und gut versorgt im Stall. Am Abend konnte ich in der an mein Zimmer angrenzen Wohnstube ein Gespräch meiner Eltern belauschen. Es ging um das mysteriöse Verschwinden von Eddi. Plötzlich hatte ich nicht nur ein schlechtes Gewissen, nein mir wurde voll bewusst, was ich eigentlich eingefädelt hatte. Ich stand auf, stand inzwischen ganz und gar nicht mehr stolz und heldenhaft vor meinen fassungslos dreinschauenden Eltern, als ich ihnen erzählte, das genau der gesuchte Eddi bei uns im Stall hinterm Haus schlief und das seit einer knappen Woche. So, nun war es raus und tausend Wackersteine purzelten von meiner Seele. Meinen Vater in seiner Position als Schulinspektor und meiner Mutter, von Beruf Kindergärtnerin, blieben fast die Spucke weg! Vati fand als erster seine Fassung wieder, verlangte den Stallschlüssel und holte den glücklichen Eddi erst einmal in die Wohnung. Eddi wurde gebadet, schließlich hatte er nach einer Woche Stall einen äußerst unangenehmen Geruch an sich. Das Kämmen hatten wir einfach vergessen. Meine Eltern verfielen in Panik. Was würde die Polizei sagen, wenn sie Eddis Auffinden meldeten, nachdem er ja schließlich eine Woche im Stall ihrer Tochter „gehaust" hatte und sie als Eltern nichts gemerkt haben wollten. Oje und das alles in den beruflichen Positionen meiner Eltern, das war nicht nur peinlich, nein das war gefährlich im sogenannten real existierenden Sozialismus.

Der Name meines Vaters und seine Kontakte zur SED-Kreisleitung werden wohl dazu beigetragen haben, dass diese Geschichte für unsere Familie so glimpflich abgelaufen war. Das Amt für Soziales spielte auch mit hinein – war ja schon längst bekannt, dass Eddi Zuhause misshandelt wurde!

Die Vernehmung aller Beteiligten ergab im Endeffekt:

„Ein grober Kinderscherz aus Nächstenliebe“.

Die Warnung der Oma

Meine liebe Oma warnte mich von frühester Kindheit an vor „bösen Männern“ und dies permanent. Manchmal einige Male am Tag! Sie machte die unheimlichsten Andeutungen, was eben „böse Männer“ mir alles antun könnten. Irgendwann fürchtete ich mich dann eben vor jedem fremden Mann, welchen ich nicht kannte und der nicht unserer Familie angehörte. Ich machte zur Freude meiner Oma einen Bogen um die Herren der Schöpfung.

Zum Zeitpunkt der hier beschriebenen Begebenheit war ich fünf Jahre alt und es war bitterkalter Winter. Ein Winter, wie Kinder ihn liebten. Schneeflocken wirbelten in dichten Flocken vom grauen, schneeträchtigen Himmel und die Straßen waren tiefverzuckert mit der weißen Pracht. Alles lag unter einer meterhohen Decke prächtigen Schnees und ich wollte nur noch eines, Mittagsbrot essen und dann

Rodeln gehen! Im nahegelegenen „Wiesenpark“ gab es einen prächtigen Rodelberg und ich hatte schon am Vormittag erwartungsvoll die Kufen meines Bockschlittens eingewachst. Oma predigte schon den ganzen Tag über die „bösen Männer“. Ich sollte mich unterwegs nicht ansprechen lassen, mir nichts schenken lassen (es konnte ja vergiftet sein). Ich sollte in kein fremdes Auto einsteigen und um Gottes Willen mit niemandem mitlaufen! Ich hatte schon lange meine Lektion gelernt.

Aber die Liebe und Fürsorglichkeit meiner Oma, mich, klein Monele von allem Bösen fern zu halten, war grenzenlos. Somit mußte ich ihr auch dieses Mal geduldig zuhören.

Endlich stülpte sie mir eine Pudelmütze über den Kopf, wickelte mich in meinen Teddymantel ein und zog mir die überaus warmen Winterstiefel über. Nun konnte ich zum Rodelberg losmarschieren.

Meine Freundinnen warteten schon auf mich und wir tobten in der weißen Pracht. Immer wieder sausten wir in atemberaubender Geschwindigkeit die Rodelbahn hinunter. Da es um diese Jahreszeit schnell dunkel wurde, verabschiedete ich mich pünktlich, um vor Einbruch der Dunkelheit wieder bei den Großeltern zu sein. Ich stampfte durch den hohen Schnee Richtung Stadtmitte, um mir meinen Weg etwas abzukürzen.

Mitten in dem Menschengetümmel der Stadt, sprach mich plötzlich ein älterer Herr an. Er lächelte mich an und fragte höflich, ob ich nicht die Enkelin von Rufin Gertz sei...

Ach du lieber Gott – mein Herz begann zu rasen, meine Haare stellten sich zu Berge! Dies mußte so ein „böser Mann“ sein, vor denen meine Oma mich schon jahrelang warnte. Panik brach in mir aus. Was sollte ich bloß machen? Der kalte Schweiß brach mir aus allen Poren und ich meinte genau die Umrisse eines Messers in der rechten Hand des Mannes zu sehen, mit welchem er in seiner tiefen, geheimnisvollen Manteltasche zu hantieren schien! Er beugte sich zu mir Winzling hinunter und fragte mich, ob er mich ein Stück auf meinem Schlitten ziehen sollte!! Nun sprang die Angst in mir über, in absolute Hysterie. Jetzt wollte mich der „böse Mann“ mit zu sich nach Hause locken, um mich zu schlachten und dann zu verspeisen (war das nicht das, was meine Oma mir immer wieder prophezeit hatte!?). Ich fing an lauthals und schrill zu schreien. In der Art wie ein gerade gefangenes kleines Ferkelchen und der Mann schreckte entsetzt zurück. Passanten blieben stehen und bildeten nach und nach eine Menschentraube um mich und den Mann. Dieser versuchte sich stammelnd zu verteidigen und mich zu beruhigen. Aber ich war nicht mehr Herr meiner Sinne. Ich schrie mir die Seele aus dem Leib und bat alle

Umherstehenden um Hilfe vor diesem „bösen Mann“! Die Passanten fingen an den Mann zu beschimpfen und eine Frau nahm mich mütterlich in ihre warmen, dicklichen Arme. Zornige Blicke auf den nun vermeintlichen Sittenstrolch, werfend. Die Aufruhr war so groß, daß ein zu DDR-Zeiten allgegenwärtiger ABV, also Polizist, dem ganzen Zauber ein Ende machen mußte. Der von mir total mißverstandene Mann, erklärte sich vor dem Auge des Gestzes und nach Aufnahme seiner Personalien, durfte der „böse Mann“ gehen.

Der Polizist brachte mich zu meinen Großeltern. Ich war total aufgelöst und heulte Rotz und Wasser, konnte ich schließlich wissen, daß auch der Polizist kein „böser Mann“ war?

Der für mich so „böse Mann“ in der Stadt entpuppte sich als Sportsfreund meines Opas und auch meines Vaters. Meinen Großeltern war die ganze Sache ziemlich peinlich und meine Oma ging in sich und hütete sich, zumindest eine ganze lange Weile, meine sowieso zum überschäumen neigende Phantasie, unnötigerweise überzustrapazieren.

1996

Die „Vöglershow“ bei Gertz

Abenteuer und Tiere! Diese zwei Wörter hatten für mich einen ganz besonderen Klang. Als ich halbwegs lesen konnte, verschlang ich Abenteuerbücher über Seefahrer, Piraten, Seeungeheuer und natürlich laß ich Unmengen von Tiergeschichten, Fabeln und blätterte oft und viel in Hunde- und Katzenbüchern. Wie gerne hätte ich doch eine Katze oder einen Hund besessen. Damals erlaubten mir meine Eltern aber nur einen winzigen Kanarienvogel. Mit meinem Jacki konnte ich aber überhaupt keine Abenteuer erleben. Gut, mit einem Papagei, so einen wie die Piratenkapitäne auf ihren Schultern trugen, daß wäre ja noch angegangen. Meine Freundin hatte eine Katze. Die versuchten Minka zu dressieren. Sie wollte unseren verzweifelten Versuchen, sie durch einen brennenden Hula-Hoop-Reifen springen zu lassen, einfach nicht gehorchen. Also beschloß ich eines schönen Tages, wenn schon mit Jacki und Minka nichts anzufangen sei, so sollten sie uns wenigstens ein bißchen Geld auf einer Tierschau einbringen, und zwar auf einer eigens von mir organisierten!

Wir hatten vor unserem Mietshaus einen kleinen Vorgarten. Dort sollte unser Ausstellungszelt entstehen. Meine Freundin, mein Bruder Andreas und noch ein drittes Kind aus der Nachbarschaft wurden von mir losgeschickt um Holunderstöcke zu besorgen. Da diese ein Zelt halten sollten, mußten sie ziemlich lang und dick sein, daß gab ich den dreien noch mit auf den Weg. Ich inspizierte zwischenzeitlich den Wäscheschrank meiner Mutter, um passende Decken und ähnliches Stoffzeug für unser Zelt zu organisieren. Ich fand einen ansehnlichen Stapel weißer Leinentücher und schleppte sie in den Vorgarten. Da meine drei Verbündeten weit und breit noch nicht zu sehen waren, fing ich schon an Plakate als Reklame für unsere nationale Tierschau zu malen. Auf riesen Zeichenblättern pries ich nun unsere Schau an, umrahmte das ganze noch mit Blümchen und bunten Tiergestalten. Der Eintrittspreis von 5 Mark wurde dann von mir noch mit besonders großen, roten Zahlen auf das Plakat gemalt. Mein Kunstwerk gefiel mir außerordentlich, nun galt es noch, dieses Plakat mindestens fünfmal abzumalen. Schließlich würden viele Plakate mehr Menschen anlocken, als nur eins. Als ich mit vier meiner Kunstwerke fertig war, kamen meine Freunde freudestrahlend mit den schönsten Holunderruten, die man sich nur vorstellen kann. Meine Freundin malte das restliche Plakat ab und wir anderen Kinder bauten unser Ausstellungszelt. Die Hilfe des Jungen aus der Nachbarschaft sollte damit belohnt werden, daß ihm erlaubt wurde, seinen Wellensittich mit im Zelt auszustellen, er sollte dafür 10 Mark von den Eintrittsgeldern abbekommen...

Wir rammten also die Holunderstangen in die Wiese des Vorgartens, rissen Löcher in die Bettücher meiner Mutter und stülpten dieselben über die Stange. Eine Nachbarin, welche sich die Vorgänge im Vorgarten schon eine Weile hinter ihrer Gardine mit angesehen haben musste, riss nun empört ihr Fenster auf und fragte mich schimpfend, ob meine Mutter wüsste, was ich da mit ihrer guten Bettwäsche machen würde. Ich konterte selbstbewusst, daß natürlich meine Mutter mir die Bettwäsche herausgelegt hätte. Schließlich hätten wir bergeweise davon geerbt. (Erben ist immer gut, hatte ich schon oft gelesen!) Die Nachbarin schimpfte noch eine Weile auf uns und schloss dann mit dem Versprechen, mit meiner Mutter zu reden, ihr Fenster.

Unser Ausstellungszelt sah ziemlich wackelig aus, hatte aber einen Haupteingang und drinnen war Platz für drei Stühle. Auf einem stand mein Jacki in seinem kleinen Holzkäfig, auf dem anderen der Wellensittich meines Nachbarn und am Stuhlbein des dritten Stuhls hatten wir Minka angebunden. Da sie Leine und Halsband kannte, lag sie relativ ruhig in unserem wackeligen Zelt. Nur den zwei Vögeln schien die Nähe der lauernden Katze unheimlich zu sein.

Meinen Bruder Andreas hatte ich mittlerweile, mit Hammer, Nägeln und meinen Plakaten losgeschickt, um sie an den Kastanienbäumen der Karl-Marx-Straße anzubringen. Diese Straße wimmelte nur so von Fußgängern und sie würden haufenweise zu unserer Tierschau strömen, davon war ich überzeugt. Ich stellte noch eine alte 1-Liter Milchkanne als Eintrittskasse vor unser Zelt, Ordnung mußte schließlich sein. Nun hieß es nur noch warten. Aufgeregt reckten wir ab und zu unsere Köpfe über die dichte Hecke des Vorgartens. Es konnte ja sein, daß die ersten Menschenmassen im Anmarsch waren. Die Zeit des Wartens wurde immer länger und länger…

Als ich mal wieder über die Hecke schielte, sah ich alles andere als Menschenmassen auf mich zukommen, nämlich meine zornesrote Mutter, die meinen heulenden Bruder Andreas hinter sich herzog! Unter Andreas Arm sah ich meine herrlichen Plakate, halbzerknüllt hervorhängen. Das hieß nichts Gutes. Meine Mutter sah unser Zelt und war noch entsetzter. Unsere keifende Nachbarin riß ihr Fenster auf und berichtete voller Eifer, daß ich ihr gesagt hätte, ich dürfte die Bettücher als Zeltplanen benützen, da wir ja schließlich geerbt hätten. Meine Mutter war sprachlos. Ich heulte Rotz und Wasser, meine vielen Eintrittsgelder, welche ich nun verloren hatte, ich war verzweifelt.

Als mein Vater Abends nach Hause kam, gab es ein mächtiges Donnerwetter. Ich durfte die nächste

Woche in der Wohnung verbringen. Die Bettücher waren schon Erbstücke von meiner Tante Emmi an meine Mutter. Allerdings hatten wir keine Berge davon, sondern nur genau diese, durch welche ich die Holunderstangen gefetzt hatte. Die Tücher waren aus feinstem Leinen und mit einem von Tante Emmi selbstgestickten Monogramm versehen, also wertvolle Stücke. Was ich erst Jahre später verstand, war die Tatsache, daß sich meine Eltern am meisten über meine schönen Plakate geärgert hatten. Als meine Mutter (zum Glück), meinen Bruder Andreas beim anbringen des letzten Plakates in der Karl-Marx-Str. zufällig ertappte, laß sie zu ihrem Entsetzen:

Große Katzen- und „Vöglershow" BEI FAM. GERTZ IN DER ARENDSTRASSE 8

1996

Sehnsucht

Ich liebte viele Männer schon,
mich liebten viele Männer schon,
obwohl die Seelen unergründet für uns blieben.
Und wenn ich morgens dann erwacht,
in deine kühlen Augen sah,
dann war mir klar.

Die Liebe mancher Nacht war Sand,
der einfach rann durch meine Hand
und bracht‘ nur Tränen an den Tag.
War doch die Hoffnung mancher Nacht,
viel kühler als gedacht,
wenn wir erwachten.

Der Blumen Frühling ist nicht lang

und eh' du pflücken willst,

das Grün,

ist es vergangen...

Im nächsten Sommer aber dann,

so sagst du dir,

da fange ich an,

es zu behüten.

Ich liebte Männer manchesmal,

doch meistens war es eine Qual.

Wo überall die schönsten Knospen sprießen.

Nur einen Einzigen zu lieben,

ist unerreicht geblieben.

Gunsleber Idylle

In einem stillen Lande,
nicht weit vom Klassenfeind,
da lebt' ich einst am Rande,
ganz unscheinbar,
wie's scheint.

Ein arbeitsreiches Leben,
ganz friedlich und natürlich,
mit Kuh und Stall und Weide,
und niemals langer Weile.

Roboter und Computer,
die kannt' man hier noch nicht,
nur Karre und ne' Forke,
die hatten dort Gewicht.

Verkrachte Existenzen,
wie ich wohl eine bin,
die paßten zur Idylle,
des Dörflein's nicht ganz hin.

Am besten Schnauze halten,
mit gradem Schritt haut's hin,
bis ich mit Hornhauthänden,
ein braver Rentner bin.

1985

Die Liebe der Welt

Was läßt uns leiden und frohlocken,

was läßt uns strahlen und auch stocken

und was versetzt uns manchen Hieb,

daß ist der Männer – Frauentrieb!

Des öfteren total verkannt und dann mit „Liebe" oft benannt.

Doch ganz gewiß bewiesen ist,

daß Triebe nicht gleich Liebe ist…

Wie oft denkt doch der Mensch,
ansonsten von Moral durchtränkt –
ganz wirr, im Angesicht der Liebe –
und ihn verwirren seine Triebe.
„Die Liebe blüht“,
frohlockt er dann,
doch kommt er nicht am Ziele an,
wird Supermann ein Bettelmann
und auch die stolze Staremanze,
legt Schminke auf und lüstert,
wenn „Er“ ihr zärtlich etwas flüstert!

Oje, was ist das für ne‘ Zeit,
wo jedem seine Liebe reut!
Hat er sie doch gefunden,
den Ehekranz gewunden,
schon reut ihn nach gewisser Zeit,
daß kurz benützte Hochzeitskleid.

Geschaut wird recht’s,
gesucht wird link’s,
„gebaggert“ und betrogen,
die Frau beschimpft,
der Mann verlacht,
die Liebe aufgewogen…

Zum Glück bin ich ein Idealist
und heimlich etwas weise.
Drum hüt' ich mich ganz inniglich,
auf eine harte Weise,
vor Seelenqual und Herzenspein
und habe fest entschieden,
zu warten bis ein Mann einst kommt,
der's Wert ist – ihn zu lieben!

Ich hoffe bloß die Illusion,
vom einzigartig Recken,
voll Liebe und auch Harmonie,
läßt mich nicht mehr erschrecken.

Zu oft hat mich ein Belzebub mit seinem Schalk geküßt
und hinterher hab' süchtig ich,
die Einsamkeit vermißt.

Die rosarote Brille,
ich würde sie mir kaufen,

um ab und zu vom Leben, ein bißchen zu verschnaufen.
Wenn paßt das Hirn und der Popo,
dann fehlt es meistens anderswo.

Nun wird man immer reifer

und steigert auch den Eifer

und die Intensität,

doch trotzdem viel zu spät spricht Freud,

die Libido ist schon entfleucht

und hin ist der Verstand –

ach Liebe Du mein Unverstand!

1995

Der Märchenprinz

Saß der Märchenprinz auf meinem Bett,
fragt mich ob ich sieben Wünsche hätt',
ich sag nein…

Zeigt mir Schlösser
und das ewig Leben,
will mir Geld und alle Güter geben,
ich sag nein…

Einen einz'gen Wunsch den hätt' ich wohl,
fühlte mich in warmen Armen wohl,
da sagt er nein,
„Ich der Märchenprinz kann geben viel,
doch die Liebe such alleine dir
und dein Preis das wird das Warten sein,
schlaf gut ein…!"

Saß der Märchenprinz auf meinem Bett,
fragt mich ob ich sieben Wünsche hätt',
schaut mir in die Augen,
lächelt mild,
da sag ich: „Dich bräucht' ich!"

Doch den Märchenprinzen gibt es nicht,

darum bitt' und darum hoff' ich nicht

und sag nein

und bleib allein

und sag nein

und bleib allein!

Die Büste

Sehr viele Frauen leiden,
wenn sie sich fesch bekleiden
und fühl'n sich ziemlich matt,
denn sie sind vorne platt!
Sie polstern hier und stopfen dort
Synthetisches an jeden Ort,
der wonniglich erstrahlen soll –
den Herren zu Gefalle...!
Doch diese künstlich' Falle
bringt bestenfalls nur kurzes Glück,
denn ohne Hüllen wird dann klar,
dass alles doch nur Täuschung war.

Dann gibt es wieder propper Damen,
die einiges zu schleppen haben.
Der BH-Kauf wird meißt zur Qual,
denn Übergrößen sind fatal.
Geplagt sind sie von Jugend an
mit ihrer Last "da vorne dran".
Kaschieren heißt's und weite Kleider,
auch senkt sich manches mit der Zeit!
Ein krummer Rücken, wunde Schultern,
genant wird man dann auch dazu,
und vor dem Spiegel muß man schlucken –
die Seele findet keine Ruh.

Wenn alle Welt sich Sommer's
im Wasser tummelt ohne Qual,
versucht man dann die vielen Massen
in Bademoden einzufassen.
Hat man's dann halbweg's nur geschafft
und hat den Busen eingerafft,
muß man sich ständig straffen
denn alle Männer gaffen –
Und später dann im Wasser
(der Badeanzug schlaffer)
entrollt sich dann die ganze Pracht,
die man mit Not in Form gebracht.

Ach liebe Not, was macht man nur,
bei solcher Arten Fehlnatur?!

Man macht sich nun Gedanken

zum Lebensfreude tanken

und blättert in Journalen,

zum Ende aller Qualen!

Dann plötzlich weibliches Geflüster –

"da gibt es den gewissen Kistler!"

Professor ist er noch dazu und plastisch kann er formen,

die Büste nach modernen Normen.

Noch wird gezögert und erwogen,

doch eigentlich im Kopf ist klar

nun ist die große Chance da!

Ein wenig Mut, ein wager Schritt –

und plötzlich gibt es kein Zurück.

Ich liege nun auf Zimmer 4 und strahle voller Glück,
denn ihre Hände goldner Tat, die gaben mir zurück,
was aller Gram der letzten Jahre in meine Seele fraß!

Die Zeilen sollen Zeuge sein von meinem großen Glück,
ich bleibe voller Dankbarkeit – verjüngt ein großes Stück.

Damals und etwas später

Ich hör' die Rolling Stones
und denke an die Zeit,
mit Stirnband und zerzausten Haaren,
kaputten Jeans und coolem Blick.
Ich denke an die 70er Jahre,
an Dylan, Cocker, Lindenberg und Mick.

Geritten hab' ich wilde Pferde.
Geliebt so oft auf's gradewohl.
Mein Herz gebrochen,
ohne Ende.
Aus Lebenssucht,
so manche Qual!

Ich hör' die Rolling Stones
und denke,
an dich und die verschenkte Zeit.
Mit Partys und den heißen Blicken.
Wie viel versprochen,
was nicht galt.

Ich hör' die Rolling Stones
und denke,
an das Konzert im letzten Jahr.
Ich hab sie alle alt geseh'n.
Und lächelnd sagte mir mein Herz,
dies ist der Giftpfeil aus der Jugend,
mit seinem ganzen Angieschmerz.

„Wild Horses" dröhnt mir noch die Seele
Die Zeit ist reifer und erhellt.
Ich seh' im Spiegel meiner Augen
den gleichen Funken eingestellt.
Ich reite noch die wilden Pferde,
Sie sind und waren immer da!

So reit' ich glücklich durch die Welten.
Und beide lachend,
fliegen wir!

Spaziergang

Leise wiegen sich die Bäume

und rauschend winkt mir warm der Wald.

Die Wolken fliegen langsam, keine Eile

und ich spaziere,

mir ist kalt.

Der treue Hund zu meinen Füßen,

begleitet mich,

wie schon so oft.

Auf ewig ausgetret'nen Pfaden,

(Ich hatte so auf Dich gehofft!)

Und meines Geistes Unrast Laden,
zum bersten voll mit Denklast sind.
Fühl ich,
das kleine Menschenkind,
mich hier in dir geborgen.
Du Wald,
du mein lieb' Einsamkeit
sagst nichts und... da...

Da zaust mir doch der Wind mein Haar.
Ein Regenschauer neckt mich.
Der Eiche Wurzel fängt den Fuß
und aus dem Jammer stürz' ich!

Mein Hund schaut freudig zu mir nieder,
ein Specht am Baum,
ein Füchslein leis...
Und in der Erde lieg ich nieder,
ganz still,
ganz ruhig und
ganz frei.

Verändert komm ich dann zurück,
ganz voller Hoffnung, voller Glück.

Der erste Schnee

Am Morgen,

in der Jungfräulichkeit des Erwachens

war er da.

Zartweißer Schnee,

ganz wunderbar.

Die Spuren des Jahres

Allort's verzuckert,

so reinweiß, wohlig und klar.

Und schleierhaft,

ganz unverständlich,

was mir noch gestern bange war...

Schnell steig ich in die Stiefel
und schau‘ zum Himmel auf.
Mein Herz ganz frisch sich weitet
und weiß und rein
begreife ich
ein Neuanfang ist da.

Der treue Schnee singt zärtlich mir,
sein Flockenhaar ins Ohr.
Und tröstet mich ganz schmeichelnd
genau wie jedes Jahr.

Das Überraschungsei

Mit einer Tüte Wirsingkohl
gekocht ess' ich ihn gerne,
steh' in der Warteschlange ich,
die Kassenfrau in weiter Ferne.

So schau' ich nun vor langer Weile
den Menschen auf die Bäuche.
Und rate so zum Zeitvertreib,
die passenden Gebräuche.

Im Einkaufswagen gleich vor mir
2 Sixpack Deutsches dunkles Bier,
3 Pizzen, 5 Stück Butter, Salami,
Mehl und Zucker. 10 Tafeln weiße
Schokolade, 5 Gläser Pfirsichmarmelade.

Die nette Dame zu dem Korb
belehrt das hübsche Mädchen vor ihr
sie sollte doch nicht Cola trinken,
dann lieber doch ein Altbier.

Ein junger Mann mit glattem Kopf
und schwarz geschnürten Stiefeln schreit.
Macht mal ne' 2. Kasse auf
bevor ich hier entgleise!

Ein Zittern durch die Schlange geht
und alle werden leise.

Ich lass den Wirsing tückisch fallen,
die Stimmung zu entspannen...
Der glatte Kopf bemüht sich nun,
ihn sicher aufzufangen.

Ich danke ihm,
ganz nebenbei –
mit einem Überraschungsei!

Da freut er sich,

fast wie ein Kind

und seine Augen leuchten.

Nicht nötig; aber danke strahlt er!

Doch –

sehr nötig gewesen

denke ich

und strahle auch...

Väterchen Zar und Mütterlein zart

Vati so früh gegangen,

Mutti vor Schmerz fast vergangen.

Mütterlein zart,

seine Zierde, sein alles.

Sein Augapfel, sein ganzer Stolz.

Väterchen Zar,

auch ihre große Liebe war.

Groß, stark und unverwundbar...

Dachten wir...

Monika, die im Wald geschah
und Anderias.
Die Kinder eurer Liebe,
verließen so die Umlaufbahn...
Wie Pfeile die sich trennten
vom gespannten Bogen,
schossen sie in's dunkle nicht's.

Mütterlein zart
auf der Suche nach deiner Kopie,
fand sie nie!
Auch ich suchte, lechtzte
bis in die schmutzigsten
unmenschlichsten Ecken
erfolglos, resignierend –
nach dir.

Nie möglich!
Nie so gedacht!
Einzigartige Unikate!
Geschmiedet aus ewigem Golde,
für den irdischen Auftragsort.

Erst als unser Herr Jesus
für mich die Tore aufschloss.
Mein Kummer mich nicht mehr ertränke.
Väterchen Zar nun
in Frieden freundlich,
zu mir hinüber winkte!
Lass ich ihn die himmlischen
Stuben putzen!
Und wir der Welt noch etwas
das Salz in der Suppe sein...

Um freudig einst
auf ewig
in des himmlischen Vaters
unvorstellbar
wohligen Sesseln...
Den irdischen Jammer
von einst
zu belächeln.

Körnerstraße 1

Kleine Kinderschritte eilten

und das Herzlein sprang befreit.

Das Tor zum Paradiese meiner Kindheit,

die Stuben von Oma Gertz –

nicht mehr weit!

Bei dir liebste Oma,

meiner Kindheit fester Burg.

In deinen offenen, wärmenden Armen

mir nicht's zu bitter war.

Noch heute die Gerüche der leckersten Speisen
und Kuchen....
Zitrone, Melisse und der Duft
deines Parfüms 4711 unauslöschbar
in meinem Geiste und Herzen leben.

Die ersten Gebete heimlich gesprochen...
Unter dem Kreuz Jesu mit mir das
Brot gebrochen...

Familie geführt
durch Höhen und Tiefen.
Immer wieder vereint durch dich.
Leise, weise, selbstlos – mystisch...
Sich jeder sehnte
nach deinem tröstenden Ort!

Als Engel Gottes

behütend an meiner Seite.

Streutest du leise liebend

die heile, gute Saat

in mein Kinderherz von einst.

In den wundervollen Stuben

der Körnerstraße 1

Wiedergeboren

In meiner Jugend Nöten,
da hörte ich von dir.
Versucher der Zerstörten.
Nicht sicher war ich mir.

Trunken vom Wein,
in der Nacht des Zorn's.
Da rief ich deinen Namen.
Ich schrie ihn in den
Sturm hinein.
Gibst du mir Macht...
Gibst du mir Geld
und stehst mir stet's zur Seite.
Ist meine arme Seele dein.

Ich glaubte nicht.
Doch säte!

Und plötzlich da stand’st du
im schrecklichen Groll
meines Herzen’s,
erschütternd real
leibhaftig vor mir!

Ummantelt im schwarzen Gewand.
Den lauernden, toten unseligen Blick
versenkend in meinen, –
Stück um Stück...

Im Geiste sprachst du
ganz nah bei mir.
So soll es sein.
Das verspreche ich dir.

Und da mein fleischern Herz erfror
und da mein Blut erstarrte.
Ich wusste zu bekommen
wofür ich gebetet hatte!!

Zu spät die Lüge des Meisters
der Lüge,
sich mir offenbarte!
Hatte er doch der Welt, dessen Herr er ist,
den Glauben an Gott gestohlen...
In dem er ihr infiltrierte
dass er selber gar nicht existierte!

Ich war in die Schlinge des Häschens getreten...

ER hetzte mich
durch schreckliche Zeiten.
Ließ mich in die tiefsten Abgründe gleiten.
Maßlosigkeit in exzessiver Gestalt.
Die ganzen Paletten!
Mit allen Eitelkeiten der Welt,
schmiedete ER mich in eiserne Ketten.
Emotionen krankhaft angelegt...
Wut und Hass,
Liebe nur als Sexualität erlebt,
verstanden...
Und auch nicht verstanden –
zerrissen mich zu tiefster Qual.
Die Sinnverkennung aller freundschaftlichen Werte,
durch Schuldzuweisungen er stet's zerstörte.

Geld, Party's, Alkohol, verklärte Männergeschichten...

Immer mehr, besser, höher, weiter...

Arbeit, Sport, Autos...

Immer mehr, besser, höher, weiter...

Moral und Ethik galten nicht's mehr.

Mutterschaft nur eitel Pflicht

Versorgung nach außen, von innen nicht's...

Mein armes Kindlein ahnte nicht,

wessen Knecht seine Mutter wirklich ist...

Familie zum Selbstzweck,

Eigenliebe...

Als Schutzschild

für die Lebenslüge.

Gott hilf!
Rief ich nun immer öfter.
Ich suchte ihn in der Magie,
in Traumdeutung und Engelsenergie.
Beim pendeln, Kartenlegen.
In Sternen- und Mondkonstellationen.
Astrologie und in Äonen.
Dann das Versprechen
der GOTTSICHTBARMACHUNG!
Durch die Krönung des Yoga.
Aus mystischer, uralter Tradition.
Die Kundalinimeditation!
Sie brachte mich,
mit den strahlendsten Bildern des Lügner's,
kurz vor dem Wahnsinn.
Zu traurigem Ruhm.

Nach Jahren des Übens,
in Knechtschaft der schillernden Übung,
brachte ER mich
letztendlich
fast um.

Verblender der Menschen…
Selbst Gott „spielen wollen“,
selbstzentriert und ohne Recht.
Hochmut birgt
viel süßer Fallen!
Wie der Meister so der Knecht.

Regale gefüllt mit durchstudierten,
vermeintlich, heilbringenden Büchern.
Immer diffuser...
Immer skurriler...
Die Bibel lag geduldig auf diesen!
Ich ahnte aus meinen Genen heraus,
in ihr die Wahrheit zu finden...
Doch sie erschloß sich mir nicht;
ich gab ständig auf.
Von Natur aus ist es uns gegeben,
Bücher von vorne nach hinten zu lesen.
Und fast mittig im Buch der Bücher –
Fügung dann – fand ich DICH, meinen BRÄUTIGAM!!
Wo Dunkelheit sich rufen lässt
und zeigt, dass Paradoxum letztlich greift.

Gott lebt!

Dein guter Geist berührte mich.

Meine Suche sekündlich

entschleunigt sich...

Aus tiefstem Herzen

spürte ich.

Du lebst, Du bist, Du rettest mich!

Doch Satan fuhr die Krallen aus...

Er schüttete Fässer

voller giftigem Wein

in meinen einsamen Stunden,

schlimmer denn jeh...

in mich hinein.

Gewürzt mit Selbstmitleid.

Gewürzt mit seinem leisen Hohn.

Las ich betrunken in der Bibel

und weinte stumm zu deinem Sohn...

Erst als ich zerschmettert

am Boden lag.

Vom Dämon zerstört und zerschanden.

Da sprach ich es aus...

Da schrie ich zu dir...

„Jesus ich brauche dich so sehr.

Bisher habe ich ohne dich und gottlos gelebt. Vergib mir! Danke daß du am Kreuz für meine Schuld gestorben bist und so den Weg zum Vater für mich frei gemacht hast. Meine ganze Schuld und mein Leben gebe ich dir. Ich nehme dich als meinen Retter an. Werde du Herr über mein Leben, Amen!“

Bereute so all‘ meine
schrecklichen Taten,
die sich in mir türmten,
zerstörten und nagten!
Und legte mich sterbend unter dein Kreuz…

Deine unverdiente, göttliche Gnade
traf mich unerwartet.
Wie ein scharfes, liebliches Schwert
tropfte dein Geist wie ein Balsam
in den kranken meinen.
Du hast Satan
die Treiberpeitsche aus der Hand
genommen!!
Die Demonstration deiner
Allmacht begann!

Dann plötzlich Bibel TV
in meinen Zimmern
du sprachst durch Joyce Meyer,
real in mein Herz.
Du legtest deine Hand auf mich.
Jahre gesuchte Brüder und Schwestern,
plötzlich beteten für mich.

Nach kürzester Zeit,
keine zwei Wochen,
war die Macht von
Dämon Alkohol restlos gebrochen.

Mit meinem fleischernen,

weiß werdenden Herzen

ließ ich mich Taufen.

In deinen Tod!

Im See der Welt.

Ein Zeugnis zu geben,

von deinen Wundern an mir

WIEDERGEBOREN!

Mein Taufspruch:

Unbeirrt habe ich auf den Herrn gehofft, auf seine Hilfe habe ich gewartet.

Er hat mein Schreien gehört

und hat mir geholfen.

Er zog mich aus der

grausigen Grube, aus lauter

Schmutz und Schlamm,

und stellte meine Füße

auf einen Fels,

dass ich sicher treten kann....

Das werden viele sehen,

und sich fürchten und

auf den Herrn hoffen. Ps. 40, 1-4

Wie auf Adlerschwingen
trägt mich nun dein guter Geist,
zu deiner Ehre möcht' ich dienen.
Die FROHE BOTSCHAFT zu verkünden.

Lobt und preist den Herrn ganz und gar,
für die Wiedergeburt seiner Monika!

Ich brauch das nicht mehr

Ich gehe und sehe ein Restaurant.

Und sehe die schwitzenden Köche,

mit ihren Mützen.

Sich mühsam plagen und schwitzen.

Um euch traurig und faul zu füttern.

Wie ich einst...

Ich brauch' das nicht mehr

Ich gehe und sehe Gebäude.

Und putzende Hände,

die Böden, die Fenster, die Türen,

die Wände.

Auch Computerversklavte,

farblos Gesichte.

Geschnitten, getrennt von DEM, was Wirklichkeit ist.

Wie ich einst...

Ich brauch' das nicht mehr

Ich gehe und sehe die Mutter.

Mit leerem Blick.

An ihrer Hand,

ein's der Kinder.

Klein...

Und schon noch blinder.

Sehe den Spiegel darin für mich,

wie ich einst,

meine lieben Kinder!

Ich bin das nicht mehr

Ich gehe und sehe

Voller Graus:

„Ich bin ein Star, holt mich hier raus."

Der Spiegel der gottlosen,

kranken Menschheit.

Und wer das deuten kann

und möchte,

fängt schnell das wahrhaftige beten an!

Denn voller Bangen stellt man fest.

Das Weltbild ist zerronnen.

Die Endzeit hat begonnen.

Ich bin in Gottes Hand

Ich suchte und fand DICH! (oder Du mich?)

Den Weg, Die Wahrheit, Das Leben!

Das Licht

Zu DEINEM GEISTE löst!

Sich mein ICH……

Nur das brauche ich

Unser Vater

Mein liebster Bruder.

Du mein Vater.

Was hab‘ ich mir getan!

Was hab‘ ich Dir getan!

Nun mit dem weißen Haare

UND meiner Dornenkrone auf dem Haupt

UND um das Herz dazu.

Wie glücklich ich sie fühle,

wie frei und selig,

fern der Welt.

Getreten aus dem Kreise,
in deine Dienste mich gestellt.
UND alle die dich sehen –
Sie treten aus dem Kreis,
sich glücklich zu ergeben,
in deiner Hauses Geist!

So voller Frieden frei zu lieben,
ist alles,
was uns ist.

Wir in DIR....
Du in Uns....

Seele

Unser erster Blick auf diese Welt,

der Mutter einzigartig, wohlig Schoß.

Erwärmt durch wunderbare Honigbrüste.

Die Seele wirkt in jener Stunde

ein gülden Band

um dieses Bild.

Der Liebe höchster Krönung.

Mein Leib

aus deinem Leibe geht,

dein Stern schmilzt in den Meinen.

Vermeintlich in der Ferne

Gott – Vater sich erkennt.

Wir DREI,

wir sind das EINE

Der Geist

Der Vater

Das Kind

Die Bekehrten – Versehrten

Wir sind bekehrt.

Doch noch versehrt.

Vergeben ist uns alle Schuld.

Wir werden neu,

doch sind im werden.

Aus den gebrochnen Herzen,

fängt’s wieder an

zu lieben!

Die Rose sprießt aus ihnen!

In aller Ewigkeit…

Darum jubelt!

Wenn auch stolpernd.

Gestützt!

Den schmalen, heilig‘ Weg.

Wie leicht uns

uns’re Schmerzen weichen,

mit uns’rer großen Majestät!

Dein Schutzraum

Wie eine große gülden

unsichtbare Blase,

dein Schutzraum

uns umschützt.

Weitet sich aus deiner Weisheit

zu Kontinenten, Kosmen hin.

Beständig, unhaltbar,

alles heilend.

Die wunderbare Kraft
des Raums
verbunden mit Wahrhaftigkeit,
der Zukunft seinen Namen gibt.
Ganz abgekehrt vom Bösen.
Vom Vater geadelt und gesiegelt.
Aufrecht geht,
unantastbar leuchtend schön...
In neugebor'nem Geiste.
Leib und Seele.

Treten wir in eure weltlich Grenzen
durch den Schutzraum auf euch zu.
Um für dich den heilig Weg zu ebnen!
Hört zu, bereut und kehret um.

In deinem Geist,

da lässt es sich gut lieben.

Wenn ich mich am Morgen

mit dir kleide

dich atme

meine Nase an der reibe.

Mein Herz vor Liebe überläuft.

Dein Odem, Leib und Blut mich stärke!

Auf dem Balkone...
die Vöglein,
die das wissen!
Am offnen Fenster deines Schutzraums sitzen
und singend mir zur Freude,
in ihrem Häuschen
fest gebaut!
Auf Körnersegen hoffen.

Der Herr versammelt seine Schafe.

Die Zeit der Wölfe ist fast um.

Mit seiner Braut ganz EINS zu werden!

So sendest du die Botschaft

wo Gottes Kinder wohnen.

In Häuser, Städte

Länder der Nationen.

Und sei es von Balkonen...

Der Orang Utan Mann

Als Kind zog es mich in den Zoo,
einfach so.
Ein schöner Orang Utan Mann,
sah mich durch eine Scheibe an
und streckte seine schöne Hand
an meine...
Zwischen uns,
die gläsern Scheide.

Herr Jesus,
frag' ich in mein Herz –
ganz fein
und die's soll mein Verwandter sein?
Schon in der Schule graust' es mir,
mein Ahne sei' ein Affentier.

Ganz lieblich finde ich die Affen,
wenn sie sich
kratzen, spielen, gaffen.
Doch
ICH BIN
Dein göttlich Unikat,
ganz geistig und ganz unbehaart.
Vielleicht am Kopf und an den Beinen,
doch wirklich nicht im allgemeinen.
Ein Schwein schaut uns auch
blinzelnd an,
auch gleichen die Organe.
Beileibe ist es aber Schwein
und sicher doch kein Ahne.

Wie kompliziert die Rechnung ist,
von Armen und von Reichen!
Darwin, Einstein, Priesterschaft,
die großen Philosophen...
Ergründen wollen
was doch IST,
im INNEN nur zu suchen.

Du lieber Gott,
erheb' die Hand
und lass die Torheit weichen.
Herr Jesus danke,
dass DU BIST!
Stell' mir des Lebens Weichen.
Ganz tief in mir ein süßer Ruck,
mich von der Lüge spaltet.

Durch DEINE GNADE
hab‘ ich Glauben.
Durch DEINE GNADE
steh‘ ich nun,
auf festem Grund
in deinem Hause.

In deinem Namen hüt' ich nun,

das Roß

das Schwein

den Schwan

auch den hübschen Gockelhahn!

Und besuche ab und an

den guten Orang Utan Mann...

Deus mihi det sapientiam

(Gott gib mir Weisheit)

DER

ICH - BIN

Durch die Zeiten

von aller Welten Anbeginn

schöpft der Geist Gottes.

ICH BIN

In stürmenden Wolken

In schäumenden Wassern

In fruchtbaren Böden und Herzen

Webt

ER

SEINEN Plan!

Wie ein tiefer Seufzer,

ob' Kuß,

scheinbar grundlos

so süß

ER

tief in offene Herzen fließt.

Jetzt!
glühendes Herz,
wissender Blick
ein weisender Sohn,
allzeit Geschick.
Die heilende Formel
ein Gruß aus der Ferne
ein Kraut im Vertrau'n
viel Traumsaat...

So schaut' genau hin,

Da ist
ER
DER –
ICH BIN

Die Einladung

Heiliges Rom
wir besuchten dich
deine prächtigen Bauten zu sehn
und blieben erstarrt
vor dem Kolosseum auf
heilig gesprochener Erde
der Märtyrer Jesu Christi
fassungslos stehn.

Du Riese
gebaut des Brotes und der Spiele.
Einst fütterte man in dir
den Mob
und bespasste die
niederen Triebe der Meute.

So war es damals
und in den Arenen auch heute!
Dort wo deiner Kinder Körper
oh Herr,
von Löwen zerrissen, geschändet,
gefressen wurden...
Jegliche Kreatur
ihre Würde verlohr...

Da stand vor deiner Pforte
groß und monumental
der Moloch Melech
grinsend, fordernt, surreal!

Der Götze aus
phönizisch kanaanäischer Zeit.
Der Kinderfresser
aus biblischen Zeiten.
Der schon einst
Gottes heiligen Zorn beschwor!
Der ragt plötzlich
in unseren schlimmen Zeiten
vor den blutgetränkten Böden
des Kolosseum's
steinern, frech empor.
Erlaubt der Papst
zu Ausstellungszwecken
dem Dämon
sich wie zum Hohn
in Gottes Himmel zu strecken.

Herr vergib ihnen

sie wissen nicht, was sie tun

kann man hier nicht mehr beten.

Die Herren in ihren kostbaren

Roben, aus deinem Gold und deinen Edelsteinen,

sich als deine Vertreter

auf Erden meinen ...

Oh Vater!

Da wusste ich in Rom

ganz gewiss,

dass du unser Erlöser und Retter bist!

AMEN

Ergo

Im Dezember 2019

wurde der Moloch Melech

in die heilige Stadt

Rom eingeladen!

Ab Januar 2020

wurde die Menschheit

mit Covid 19

geschlagen!

Monitus

Wie man weiß

Corona übersetzt

„Die Krone“

heisst...

Reitunterricht

Jetzt sattle ich mein Roß,

das Stolze!

Und bange springt mein Herz,

das Freie!

Das Wald- und Wiesenreiten sei nicht gut...

Ein Lehrer soll es richten.

Eisern besprornt,

die Fäuste in den Hüften.

Nun möcht' ich gerne ihn benutzen,

die Wildheit uns zurecht zu stutzen.

Mein Roß laß ich tänzeln,
in Aufrichtung –
Mächtig!
Welch herrlicher Hals!
Welch prächtiger Blick!

Des Lehrer's Augen weiten sich,
irrtümlich, garnicht freundschaftlich.
Und richtet uns zu Steinen.
Und schmerzvoll reiten wir den Kreis.
Den Kopf herunter, wenn wir schreiten.
Zurück, wenn wir uns kraftvoll weiten.

Mein schwarzer Himmelstürmer,

zum Knecht von mir gebunden.

Ich schäme mich ganz abgrundtief.

Ich sag's ganz unverwunden.

Jetzt sattle ich mein Roß,

das Stolze!

Und freudig springt mein Herz,

das Freie!

Auf zu den Wiesen und den Fluren.

Streck weit die schwarzen Flügel aus!

Ich binde mir die Augen

und lausche in dich ein…

Eins werden wir so werden,

eins werden wir so sein.

Von Fellschnauzen und Rössern

Nach dem Tode von Väterchen Zar,
waren die Fellschnauzen
und Rösser plötzlich da.
Lebendige
profilaktische Heilpflaster
des ewigen Vaters...
für's gesundende
noch unwissende Herz.
Für sie brauchende Jahrzehnte,
weise verpackte
unsichtbare Fussfesseln.
Wart und seit ihr mir befohlen.

Wunden und Schmerzen

zu lecken

zu lindern.

Verbunden, verschwunden

durch euch

manche Qual.

Ehrlich trägt und lehrt

mich salbend eure Art,

von wahrem Adel, Stolz und Anmut!

Nicht ständig falsch und blind zu fühlen.

Um wegzuführen,

wo's zur

Umkehr mahnt!

Lehrtet mich,

auf künstlich angelegten Menschenfährten.

Immer gleichen Egotrip's...

trotz Revolten tief in mir.

Schemalaufen und auch reiten.

Das unendlich

fliessende,

wegfindende Leben

stet's neu verbiegen wollen....

Letztendlich dann

zu meiden.

Auf geduldig lächelnden
weisen, bunten Wiesen...
Getrimmt,
wie wir einst waren.
Wir nun die Lichten Sieger sind!
Fürchtet ihr mich!!
Tanzend
Strahlend
Zum Takt von
lieblichen Musiken,
auf den morschen Bühnen dieser Welt.
Ohne Leinen, Sporen
lernen von Traktaten
lehren...
Neugeboren...
Wir dem dunklen Geist!

Ihr treuen wegweisenden Alfi's

erst der Schwarze

dann der Weiße

Brixi, Dione, Lotte, Bojar

die Stolzen.

Bolle und Marcy

die ewig Herzensgeliebten.

Zwei Jarzehnte mit euch

gelebt

geliebt

gelernt...

Geboren aus Bolles Tode
nun Thörchen
mich leitet und lenkt.
Mir krönend,
die Herzfeile der Herrn
zum Feinschliff
wohl poliert!

Zu gleicher Stunde
am gleichen Tag
habt ihr das Antlitz
des Vaters geseh'n...
Der eine im Kommen
der Andre im Gehn!

Holda die Waldfee und
Señorita Lunalita – die Clown's
Ihr durftet mich durch Abschiedsschmerzen führen.

Mit schärfsten Schwert
ihr lehrtet mich...
Verzicht vor Ego,
fürchterlich.
Erkenntnisreichster Ritterschlag!
In diesen
schwersten Momenten
der Einsicht
dann Klarsicht!
Heute seh' ich die Flügel
unter all' den Pelzen...

Auf der himmlisch paradisisch
winkenden Himmelswiese,
leckt ihr euch
die schönen Mäulchen
und weidet süsses Perlengras.
Grüsst mir auch
Nichtgenannte – Seelenverwandte.
All die
miauenden, wedelnden –
kreuchenden und fleuchenden!

Wir schwammen uns

in schmutzigsten Wassern frei.

Hin zu dem zarten

Licht – blauen Brunnen

voller

lebendigem Wasser und Brot.

Neue Ideen,

explosiv nun bewusst geboren!

Aus der Regenbogenfülle

der schönsten

Momente und Worte...

Wir

Wir fließen durch die Wälder,
wie Sternenstaub im Wind.
Frohlockend wie die Trauben,
wenn sie am reifsten sind.

Wir stöbern in den Winkeln,
wo Engel freundlich blinzeln
und atmen frische Winde
im Angesicht von DIR ...

Der alle Wege windet,
Der alle Stürme schickt,
Der uns auf JETZT verbindet,
und alles gut verknüpft.

Ganz leise deine Hufe,

voll Glanz dein Fell und Blick.

Dein Herz schlägt wie das Meine,

wir sind das höchste Glück.

Laß uns nun hier verweilen,

mein Silberhaupt ist senke,

auf deine schwarze Stirn.

Den Nektar laß uns trinken.

Des Vater's Stimme hör'n.

So staunen wir und lauschen. So staunen wir und SIND.

Dein Garten

Welch Zeugnis

DEINER wunderbaren Schönheit,

Du mir durch die Bilder

meines Garten's gibst!

Wenn der Sonnenblumen Häupter,

sich über mir wie Kronen wiegen.

Die Schönheit

aufgegangener guter Saaten,

in aller Pracht der Beete,

mir DEINE weise Allmacht zeigt...

Wenn sich Primeln, Veilchen, Gladiolen
in die Pracht DEINER Schöpfung strecken.
Mein Herz
ach' so sauber fegen...
Leg' ich mich in die warmen Wiesen,
befehl mich DEINEN Wegen.

Die warme Erde
an den Händen.
Gut, geduldig, voller Kraft.
Sie wartet deines
feuchten Segen's.
Zur rechten Zeit,
zu ihr gebracht.

Wo Schmetterlinge, Bienen, Raupen
schwelgen.
Du Vöglein flattern,
Grillen fröhlich musizieren lässt.
Durch grünen Waldsaum
inniglich umarmt,
blinzelnd mich dein Geist erfrischt.

Deine bunte Regenbogenbrücke,
meisterhaft gespannt,
über taubenetzte
orangengold'ne Ringelblumenköpfe.
Erinnerst du mich farbenfroh,
Herr kosend,
an deinen Bund mit mir.

Aus dem Nichts

Da sah ich dich

direkt vor mir!

Wie schön

du lang Ersehnter!

Wie wohlgeformt und funkelnd.

Betörend...

Einzigartig gemacht bist du.

Strahlendster!

In dieser erhabenen Sekunde
erstarrte mein Auge im Glück.
Um das Gesehene
nicht zu verlier'n.
Und meinen Atem
hielt ich an,
dich mit ihm
nicht zu verletzen.

Auf dem roten Mohn
liebkosend!
Großer, blauer
Schillerfalter,
gepudert wie ein Geck.
Winktest du mir zu.
Flatternd tanzend.

Doch nach einem

kurzen blinzeln

meiner Augen

und nur einem Atemzug...

warst du schon entschwunden!

Schöner Augenblick...

Geliebter Harz

Von Herzen ich wandle
in deinen sanften, mystischen Hügeln
und lockenden Fichten.
Du Prinz aller Gebirge,
in Kupfer-Eisen und Silbergeläut
gefasst.
Getränkt durch die liebliche Bode.
Sanft schlingernd
zart singend
sich in dir versenkt!
Wo ich im Bodetale
des Sommers,
über feucht glänzende Steine springend,
dem Mufflon blinzelnd
einen Gruß zuwinke.

Der Pilze Hüte
von besonderer Güte
und wo der Luchs
seinen Thron aufgestellt.
In tiefsten dunklen Gründen
am springenden Selkebach,
alles sich wendet
zum Ursprung hin...

In den lauen
Frühlings Maientagen
dein prächtig
versteckter Mischwald,
uns Liebenden
süßen Schatten gab
und moosumkränzte Kissen.
Die heißen Münder
voller roter, wilder Beeren.
Uns're Herzen benetzt
von einem Hauch
filigranstem Engelshaar.
Wie Spitzenwerk gewoben...

Farblich treffend

zollt der unsichtbare Maler

auf seiner meisterhaften Staffelei –

Alle Ehre der Kulisse!

Braunes Höhenvieh

auf kräuterbeladenen

duftenden Weiden und Auen.

Farblich verschmelzend

auch der treue hütende

Harzer Fuchshund.

Vereinigt mit Boden, Berg und Wald,

perfekt gefügt in dieses Bild!

Dem Mittelalter
aus der Hand genommen.
Stolberg, Quedlinburg
mein Wernigerode...
Ihr webt euch in die schönsten
Vielgestalten
des kunstvollsten Fachwerks
untrennbar
in des Harzes
Annalen ein.

Burg Falkenstein

so oft erklommen.

Du Kleinod!

Jahr für Jahr

umarm' ich dich

im Geiste.

Rufst du mich stet's

aufs neu.

Die Teufelsmauer
am Harznordrand
verbannt!
Südwärts vom Städtchen Thale.
Als Teufels Tanzplatz
dort bekannt,
da tanzen sie noch heute,
die verirrten und verwirrten Leute.
Verschlungen in ihren krummen Wegen.
Auf ihren schon
angebrochenen
ausrangierten
Hexenbesen...

Da lass ich mir lieber
am stolzen Brocken
das Haar vom Wind zerzausen
und die –
in bizarresten Formen
in Sturmrichtung
gewachsenen Bäume
bestaunen!
Der Brockenbahn
und guten Menschen
vom Wanderwege winken.
Um dann auf dem Gipfel
beim Brockenwirt
dampfende, heiße
Schokolade zu trinken.

Smaragdstrahlender Diamant!
In allen Facetten geschliffener
leuchtender Harz!
Aus dem Schmuckkästchen
des Höchsten,
liebevoll platziert!
Mein Herz
ach so voll Sehnsucht
schon wieder nach dir ruft!

27. März 2023

Nun schau ich in den neuen Spiegel!
Ganz blank poliert.
Aus himmlisch
frischer Politur.
Gereinigt.
Ohne blendend Glas!
Die mondäne Mähne von einst,
Federwolken weiß.
Die glatte, mimikifreie
antrainierte-täuschend Larve,
in wundervoll geformten
Falten des Erlebten liegt.
Erhaben so
ab heute ich,
an mir hab so gefallen!

Denn einsam sind
die Barmenden und Jammernden!
Wahrhaftigkeit ist nicht's
für feige Leute.
Der Neid der Welt,
als verstecktes Kompliment verstanden,
befreit das Herz des Zweiflers vom
schwarzen,
im trüben fischenden NICHTS!
Nüchterne Wahrhaftigkeit
ist fremd
den weltverliebten Narren...

In dieser erleuchteten Nacht vom 27. März 2023
Ist der Spiegel einer Leinwand gewichen.
Der zuschauende Geist
nun im seligen „ACH!"

Nicht's mehr zu manipulieren,
tünchen, spachteln, operieren,
kontrollieren, spekulieren, spionieren
oder auch zu sanktionieren!

Nicht's mehr mit der Welt
zu diskutieren...
Die Agape nicht geliebt sein will...

Neu ich tanze.

Kein suchen

kein Weh' und kein warum.

Da wo einstmals Dramen waren,

ist's ab heute aufgeräumt!

Du bist der beste Freund

den viele hatten

und haben werden.

So wie ich

ihre beste Freundin

war und bin!

Doch sie wissen es nicht einmal...

– EGAL– !

Die einst auch Suchenden

Tapferen,

nun

Wissenden.

Sie schreiten oft alleine.

Doch aufrecht nun.

In deinen lichten Sphären

vereinst du deinen Leib

und führst zusammen nun -

was muss...

Die Füße auf der Erden noch.
Die Köpfe und Herzen schon
in deinen heilig Hallen.
Uns're Freiheit
ist die Wahl des Weges!
Fokus auf Wahrhaftig and Liebe,
darum folge ich dir
mein guter Dienstherr!
Und lebe!

Nachwort

Matthäus 28,19-20

Darum geht zu allen
Völkern und macht alle
Menschen zu meinen Jüngern.
Tauft sie auf den Namen
des Vaters und des Sohnes
und des Heiligen Geistes,
und lehrt sie, alles zu
befolgen, was ich euch geboten
habe.
Seit gewiss: Ich bin bei euch
alle Tage bis zum Ende der Welt.

Printed in Poland
by Amazon Fulfillment
Poland Sp. z o.o., Wrocław
18 February 2024

ecaad026-f6ee-44fd-9871-e1733e357199R01